Opa kommt nicht wieder

Eine Geschichte von Rien Broere
mit Bildern von Ann De Bode

Edition Fuchs & Hase

Florian hüpft fröhlich nach Hause.
Die Schule ist aus, und der ganze Nachmittag gehört ihm.
Er hat den Kopf voller Pläne.
Er könnte eine Hütte bauen.
Oder Ball spielen.
Oder mit seinem Skateboard fahren.
Florian ist bester Laune.
Er fängt sogar an zu singen.

Durch das Fenster kann er ins Wohnzimmer sehen.
Das Haus ist voller Leute.
Mama ist da, und seine Schwester Laura.
Onkel Theodor und Tante Hilde sind auch da.
Und Oma sitzt auf dem Sofa.
Schnell geht Florian hinein.
„Hallo!", ruft er. „Hier bin ich."
Im Wohnzimmer herrscht Totenstille.

I rgendwas ist hier los, denkt Florian.
Er blickt im Zimmer umher.
Die ganze Familie ist beisammen.
So ist es sonst nur, wenn es etwas zu feiern gibt.
Aber jetzt sehen sie nicht sehr fröhlich aus.
Sie starren vor sich hin und seufzen.
Auf einmal ist Florian gar nicht mehr froh.
Es wird ihm etwas unheimlich.

Mama kommt auf Florian zu.

Sie kniet sich hin und legt die Hände auf seine Schultern.

Florian betrachtet ihr Gesicht. Ihre Augen sind ganz rot.

Und von ihrer Schminke hat sie schwarze Streifen im Gesicht.

„Florian", sagt sie. „Es ist etwas Schlimmes passiert."

„Ja", sagt Florian. Er weiß nicht genau, was er sagen soll.

„Opa", fängt Mama an. Sie schluchzt.

„Opa ist tot."

„Ach, ach", weint Oma. „Oh, oh. Ach, ach."
Florian geht zu ihr. Er möchte sie trösten.
Aber er weiß, dass kein Wort sie aufmuntern kann.
„Opa ist tot", sagt er deshalb einfach.
„Ja", sagt Oma leise, „Opa ist tot."
„Für immer?", fragt Florian.
„Ja", sagt Oma. „Tot ist für immer."
Immer, denkt Florian. Das dauert endlos lange.

„Heute Morgen war noch alles ganz normal", erzählt Oma.
Sie nickt dabei. Sie weiß ganz bestimmt, dass es so war.
„Opa stand als Erster auf und machte das Frühstück.
Dann nahm er mich in den Arm und drückte mich ganz fest.
Aber beim Frühstück stand er auf. Er sagte: 'Ich bin so müde.'
'Leg dich doch noch ein bisschen hin', habe ich gesagt.
'Ich räume schnell ab.'
'Du bist ein Schatz', hat Opa gesagt."

„Nach einer Viertelstunde bekam ich ein komisches Gefühl",
fährt Oma fort.
„Als ob ich wusste, dass etwas nicht stimmt. Ich ging zum Sofa. Da lag Opa.
Ganz still, ganz ruhig, ganz lieb.
Aber trotzdem wusste ich sofort, dass er tot war.
Ich war gar nicht erschrocken. Ich dachte nur: Es ist bestimmt nicht wahr.
Ich habe ihm noch einen letzten Kuss gegeben.
Und dann musste ich schrecklich weinen."

Noch nie hat Florian so viel Kummer gesehen.

Laura setzt sich zu ihm an den Tisch.

Er sieht ihr am Gesicht an, dass sie etwas Kluges sagen will.

„Florian", fängt sie an, „Opa hat ins Gras gebissen."

„He", sagt Florian. „Opa ist doch kein Kaninchen."

„Ich meine, es ist mit ihm zu Ende gegangen.

Wie eine Geschichte zu Ende geht", sagt Laura.

„Wenn man tot ist, ist das Ende gekommen."

„Hm", sagt Florian. „Ich mag keine Geschichte, die so endet."

Papa kommt herein. Er ist viel früher zu Hause als sonst.
Er sieht blass aus. Seine Lippen zittern.
„Oh, Martin", sagt Mama zu Papa.
Sie umarmt ihn und fängt an zu schluchzen.
Sie halten einander lange fest.
Es sieht so aus, als wollten sie sich zerdrücken.
Florian sieht zu Papa und Mama rüber.
So traurig hat er sie noch nie gesehen.

Ein fremder Mann ist gekommen.

Er macht ein ernstes Gesicht.

Allen Leuten im Zimmer gibt er die Hand. Auch Florian.

Und er sagt ganz schwierige Wörter.

„Dieser Herr wird uns helfen", erklärt Mama.

„Wenn jemand tot ist, dann müssen viele Sachen erledigt werden."

„Was wird nun mit Opa passieren?", fragt Florian.

Es ist schließlich sein Opa, also will er alles wissen.

„Wenn man tot ist", erzählt Mama, „wird man in einen Sarg gelegt.
Aus schönem Holz. Mit weichen Kissen drin.
Dann wird der Sarg verbrannt.
Und die Asche tut man in eine Urne.
Den Sarg kann man auch in ein Grab legen.
Das ist eine tiefe Grube. Mit viel Sand darüber."
„Findet Opa das nicht unheimlich?", fragt Florian.
„Nein", sagt Mama. „Wenn man tot ist, spürt man nichts mehr."

Der Herr hat ein paar Bücher aus seiner Tasche geholt.
Er zeigt Oma einige Seiten.
„Willst du mir helfen, Florian?", fragt Oma.
„Wir müssen Blumen aussuchen."
Oma nimmt Florian auf den Schoß.
Das Buch ist voller Kränze und Blumen in zarten Farben.
„Wir müssen ganz schöne aussuchen", sagt Florian.
„Die schönsten Blumen für den liebsten Opa."

Mama erzählt, was mit Opa gemacht wurde.
„Man hat Opa in ein Gebäude gebracht. Dort liegt er jetzt in einem Sarg.
Aber der Deckel ist noch nicht geschlossen.
Damit wir ihn noch einmal sehen können."
„Ich auch?", fragt Florian. „Ist das nicht unheimlich?"
„Du darfst mitkommen, wenn du willst", sagt Mama.
„Unheimlich ist es nicht.
Es sieht aus, als ob Opa sehr tief schläft."

„Wir schicken allen Leuten, die Opa kennen, einen Brief.
Damit sie wissen, dass er tot ist", sagt Mama.
„Darf Opa später auch in so einem langen Wagen fahren?", fragt Florian.
„Ja", sagt Mama.
Das ist gut, denkt Florian. Das ist sehr gut.
Opa muss in diesen riesigen Wagen.
Schließlich ist er nicht irgendwer.
Alle Leute sollen das sehen.

„Mama?", fragt Florian. „Wo ist man, wenn man tot ist?"

„Tja", seufzt Mama. „Da fragst du mich was.

Also, Opa ist jetzt tot. Er ist nicht mehr da.

Aber er ist nicht wirklich weg.

Solange wir an Opa denken, ist es, als ob er noch bei uns ist.

Und du vergisst Opa nicht, oder?"

„Nie!", sagt Florian entschlossen.

„Weißt du, ich werde Opa mein ganzes Leben lang im Kopf mitnehmen."

F lorian denkt daran, wie Opa ihn immer verwöhnt hat.
Mit Süßigkeiten und Eis und noch viel mehr.
Und Opa hatte auf fast alles eine Antwort.
„Mama", sagt Florian auf einmal, „weiß Opa, dass er tot ist?"
Mama überlegt einen Augenblick. „Hm, nein", sagt sie dann.
„Wenn man tot ist, dann weiß man nichts mehr.
Also auch nicht, dass man tot ist. Aber nun denk nicht mehr
daran. Geh lieber ein bisschen spielen."

Denk nicht mehr daran!
Das ist leichter gesagt als getan, findet Florian.
Opa, der immer alles wusste, weiß nicht, dass er tot ist!
Und jetzt kann ich es ihm nicht mehr sagen,
denn ich weiß nicht, wo er ist.
Es ist bestimmt ganz schlimm, dass Opa nicht weiß, dass er tot ist.
Ich muss es ihm sagen!
Ich muss ihm helfen! Aber wie? Und wo?

„Warum siehst du denn so traurig aus?", fragt die Nachbarin.
„Ich suche Opa", sagt Florian. „Ich muss ihm etwas sagen."
„Und du weißt nicht, wo dein Opa ist?", fragt die Nachbarin.
„Niemand weiß, wo er ist", erzählt Florian. „Opa ist tot."
„Ach", sagt die Nachbarin erschrocken. „Ist dein Opa von euch gegangen?"
„Nein", sagt Florian. Opa ist nirgendwo hin. Er ist tot."
„Dein Opa ist verschieden", sagt die Nachbarin.
„So sagen die Leute das manchmal."

Die Nachbarin setzt sich neben Florian.
„Viele Leute finden den Tod ein bisschen unheimlich", sagt sie.
„Deshalb suchen sie sich dafür ein anderes Wort aus.
Sie sagen: Er ist verschieden.
Oder: Er ist im Himmel."
Zusammen schauen sie nach oben. Kein Opa zu sehen.
„Nein", sagt Florian. „Da ist er auch nicht."
Es sieht so aus, als könnte er Opa nicht helfen.

Florian muss immer an die Worte der Nachbarin denken.
Opa ist im Himmel.
Vielleicht gibt es ja irgendwo einen Ort, der „Himmel" heißt.
Warte mal, denkt Florian, ich weiß was!
Ich rufe Opa an!
Er geht zum Schrank im Wohnzimmer.
In der Schublade sucht er ein kleines schwarzes Buch.
Das enthält die Nummern aller Leute, die sie kennen.

Papa versteht, was Florian vorhat.
„Du kannst Opa nicht anrufen", sagt er.
„Du kannst aber sehr viel an ihn denken.
Weißt du was? Ich gebe dir etwas, das Opa gehört hat.
Morgen frage ich Oma, ob du seine Fische haben darfst.
Dann kannst du für sie sorgen.
Und jedesmal, wenn du die Fische siehst,
denkst du an Opa."

Florian kann nicht einschlafen.
Er wälzt sich im Bett hin und her und denkt an Opa.
Der Tod ist etwas Schreckliches, findet er.
Er probiert aus, wie es sich anfühlt, wenn man tot ist.
Stocksteif bleibt er liegen. Aber es gelingt ihm nur einen Augenblick.
Tot sein kann man nicht nachmachen, merkt Florian.
Dann denkt er an Opas Fische.
Das macht ihn ein bisschen fröhlicher.

Florian seufzt sehr tief.
Er legt sich auf die Seite.
Jetzt kann er Opa ansehen.
Er hat sein Foto auf den Schrank gestellt.
Seine Leselampe gibt genug Licht.
Jetzt kann er sehen, wie Opa ihn anlacht.
Er weiß nicht, dass er tot ist, denkt Florian.
Sonst würde er nicht so fröhlich aussehen.

Auf einmal hat er eine Idee!
Wenn er Opa nun einen Brief schreiben würde?
Und den Brief steckt er dann heimlich zu Opa in den Sarg.
Morgen, wenn sie sich von Opa verabschieden.
Vielleicht kommt der Brief dann von selbst dort an,
wo Opa jetzt ist.
Wenn er den Brief liest, weiß er es.
Florian ist stolz auf seinen guten Plan.

Lieber Opa, schreibt Florian.

Ich muss dir was sagen. Es ist etwas Fürchterliches passiert.

Du bist gestorben. Heute vormittag, nach dem Frühstück.

Du hast auf dem Sofa geschlafen. Und du bist nicht mehr wach geworden.

Dann warst du tot. Jetzt weißt du es.

Aber du brauchst keine Angst zu haben. Du spürst gar nichts davon.

Ich werde immer an dich denken. Tschüss, Opa.

Dein Florian.

Florian träumt. Vor ihm steht ein Goldfischglas mit einem Fisch.
Der Fisch schwimmt darin hin und her.
Mit einem Schwung dreht er sich.
Nun schwimmt er geradewegs auf Florian zu.
Plötzlich hat der Fisch Opas Gesicht!
„Florian, Florian, Florian", blubbert der Mund des Fisches.
Das Glas spiegelt das breite Lächeln von Florian.
Opa schwimmt quer durch Florians Lächeln.

Der Traum ist noch nicht vorbei.
Florian hört jemanden ans Fenster klopfen.
Hinter dem Fenster sieht er Opa!
Im Schlaf steht Florian auf. Er öffnet das Fenster.
„Hallo", sagt Opa. „Ich dachte, ich schau mal bei Florian vorbei.
Jetzt muss ich aber weiter."
„Opa!", ruft Florian. Aber es ist schon zu spät.
Langsam wird Opa immer undeutlicher und undeutlicher.

Florian nimmt den Brief vom Nachtschrank.
Opa ist nur noch ein nebliger Schatten.
„Opa, warte!", ruft Florian. „Ich hab einen Brief für dich."
Opa ist fast nicht mehr zu sehen.
Florian hält den Brief aus dem Fenster.
Er spürt, wie irgendetwas das Papier aus seiner Hand zieht.
Dann legt sich eine warme Hand auf seine Schulter.
Florian schrickt aus dem Schlaf auf. Es ist Papas Hand.

„Du bist schlafgewandelt", sagt Papa.
„Du hast sogar das Fenster aufgemacht."
In Florians Kopf ist alles ein bisschen verwirrt.
Was wollte er bloß am Fenster?
„Opa war da", fällt es ihm wieder ein.
„Ja, ja", sagt Papa leise. „Du hast geträumt."
„Ich hab ihn wirklich gesehen", sagt Florian. „Er war hier."
„Ruhig!", sagt Papa. „Nun geh wieder ins Bett."

Als Papa weg ist, knipst Florian seine Leselampe an.
Noch einmal betrachtet er Opas Foto. Und dann sieht er es:
Der Brief ist weg!
Dann war es doch kein Traum: Opa war hier!, denkt Florian.
Wie gut! Jetzt kann Opa den Brief lesen.
So weiß er auf jeden Fall, dass er tot ist.
Mit einem wohligen Seufzer schlüpft Florian unter die Decke.
Erleichtert schläft er ein.

Draußen säuselt der Wind.
Im Wind tanzt ein weißer Brief.
Eine Kinderhand hat ihn aus dem Fenster gehalten.
Leichter als Luft ist der Brief.
Er flattert in die schwarze Nacht.
Höher und höher bläst der Wind die Worte.
Dann sieht man nur noch einen kleinen weißen Fleck.
Wie ein Vogel auf dem Weg in sein sicheres Nest.